Ce livre appartient à

Les exploits de Maxime et Clara

Premières lectures

De vraies histoires pour accompagner l'apprentissage de la lecture

✿ Une collection composée de 3 niveaux progressifs

Niveau 1 Je découvre la lecture ▶ début de CP

- des phrases courtes
- un vocabulaire courant
- des sons simples et quelques sons complexes fréquents

Niveau 2 Je commence à lire tout seul ▶ milieu de CP

- des phrases plus longues
- un vocabulaire varié
- des sons de plus en plus complexes

Niveau 3 Je sais lire tout seul ▶ fin de CP

- une histoire longue
- un vocabulaire riche
- tous les sons de la langue française

✿ Dans chaque volume, des aides pour faciliter la lecture de l'histoire

- en début d'ouvrage (p. 2), des **exercices** pour préparer l'enfant à la lecture de l'histoire ;
- en fin d'ouvrage (p. 28), un **dossier d'activités** pour accompagner l'enfant dans sa découverte du texte ;
- en fin d'ouvrage (p. 32), un **dico illustré** pour identifier à tout moment de la lecture un mot grâce à un dessin.

Loi 49-956 du 16 juillet 1949 sur les publications destinées à la jeunesse • © Éditions Belin 2015 • ISBN 978-2-7011-9312-0

Niveau 1
Je découvre la lecture

Les exploits de Maxime et Clara

COLLECTION BOSCHER

Vive la rentrée !

Barbara Arroyo
Texte et dossier

Marie-Élise Masson
Illustrations

Belin
8, rue Férou 75278 Paris cedex 06
www.editions-belin.com

Ma petite préparation

1 **Je dis ce que représente chaque dessin.**

2 **Je lis les syllabes à voix haute.**

a. ra pa va ba ta car mar

b. né ré fé ché té pré tré

c. fan van can dan nan gran tran

3 **Je lis les mots à voix haute.**

a. Clara cartable classe ardoise

b. école supermarché journée préféré

c. rentrée enfant grand apprendre

4 Je montre le bon titre de l'histoire.

5 Je découvre les personnages et je comprends de quoi parle l'histoire.

Clara

Maxime

Le papa de Clara

Le maître

Demain, c'est la rentrée !

 et son ami  entrent en CP.

Mardi, c'est la rentrée !

Le lundi, Clara va au supermarché
avec son papa. Elle cherche un joli cartable.

– Il te faut un grand cartable, dit son papa.
Tu entres en CP !

FRUITS

Le lundi soir, Clara se prépare pour l’école. Son cartable, son ardoise, sa trousse… C’est bon, elle a tout ! Une bonne nuit et en route pour l’école !

feutres

C'est le jour de la rentrée !

Devant l'école, Clara voit son ami Maxime.

Il n'est pas rassuré.

– Maxime, on y va ! dit Clara,

en lui prenant la main.

Dans la cour de l'école, Maxime et Clara se sentent tout petits.

– Comme ils sont grands, les CM2, murmure Maxime.

Dring ! La cloche sonne.

Les enfants vont en classe.

– Chouette, on est à côté ! dit Maxime.

V v v
W w w
X x x
Y y y
Z z z
LOLA
LOUISE
MAXIME
CLARA

– Cette année, on va apprendre
à lire et à écrire, dit le maître.
Le matin, on lit la date du jour.

Bienvenue
au CP !
mardi 1er septembre
1
2
3
4
5
6
7

Le maître lit la date.
Chaque enfant la répète
et écrit « mardi » sur son ardoise.
Maxime est content, il a tout bon !

mardi
1er
septembre
mardi

Ça y est, il est midi. Cap sur la cantine !

– Chic, il y a de la mousse au chocolat, dit Maxime.

– Miam ! répond Clara.

L’après-midi, les enfants font du sport dans la cour.

– On se passe la balle dix fois, dit le maître.

Un, deux, trois… Badaboum, la balle tombe par terre !

De retour en classe, le maître lit une histoire :
– Un jour, un loup va à l'école pour…
– … pour apprendre à lire ! répondent les enfants.

À la fin de l'après-midi, chaque enfant dessine son moment préféré de la journée.

– Moi, c'est l'histoire du loup, dit Clara.

– Et moi, la mousse au chocolat ! dit Maxime.

V
W
X
V v
w
x
Maxime
Clara

Dring ! La journée est finie ! Les parents attendent les enfants à la sortie.

– Alors, le CP ? demandent-ils.

– C'est super ! répondent Maxime et Clara. On veut y aller tous les jours !

Mon petit dossier

Lecture

1 Je montre le mot quand j'entends le son a comme dans  **.**

cartable

cloche

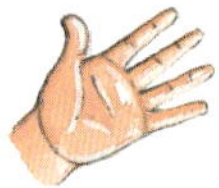
main

chocolat

2 Je montre le mot qui correspond à chaque dessin.

mousse rousse
trousse

balle bille
balai

soupe loupe
loup

3  **Je remets les mots dans l'ordre et je recopie les phrases dans mon cahier.**

a. l'école. | enfants | vont | Les | à

b. grand | a | Clara | cartable. | un

c. une | lit | Le | histoire. | maître

Vocabulaire

1 Dans chaque liste de mots, je trouve l'intrus.

a. l'ardoise | le lit | la trousse | le cartable

b. la rue | la cour | la classe | la cantine

c. lire | écrire | calculer | dormir

d. le matin | l'après-midi | l'école | le soir

2 Je dis le contraire de chaque mot.

a. petit

b. murmurer

c. entrer

d. finir

3 Rébus

4 Je trouve la charade.

Mon **premier** est un moyen de transport.

On prend ses repas sur mon **second**.

Dans mon **tout**, on met ses affaires pour aller à l'école.

Mon petit dossier

Compréhension

1 Je remets les images de l'histoire dans l'ordre.

a. 

b. 

c. 

2 Je dis si les phrases sont vraies ou fausses.

a. Clara et Maxime entrent en CP.	Vrai	Faux
b. Maxime aime la mousse au chocolat.	Vrai	Faux
c. Le maître lit une histoire d'ours.	Vrai	Faux

3 Je réponds aux questions.

a. Pourquoi Maxime et Clara ne sont-ils pas rassurés en arrivant le matin dans la cour ?

b. Pourquoi Maxime est-il content en entrant dans la classe ?

c. Et toi, qu'as-tu ressenti le jour de ta rentrée en CP ? Pourquoi ?

Le coin des curieux

L'école d'autrefois

La classe

Autrefois, l'école n'était pas mixte. Il y avait des écoles **pour les filles** et des écoles **pour les garçons**.

Les écoliers

Les écoliers portaient un **tablier**. Pour écrire, ils n'utilisaient pas de stylo mais une **plume** et de l'encre.

Les punitions

Le maître était parfois sévère. Il **punissait** les mauvais élèves en leur mettant un bonnet d'âne sur la tête.

La récréation

Les garçons jouaient aux **billes** et aux osselets. Les filles sautaient à la corde ou jouaient à la **marelle**.

Le dico illustré

l'ardoise

la cantine

le cartable

le chocolat

la classe

la cloche

la cour

l'école

écrire

le loup

les ciseaux

le crayon

le stylo

la colle

la trousse

lire

le maître

Réponses

Ma petite préparation à la lecture de l'histoire

1. cartable ; trousse ; balle/ballon ; ardoise ; cloche ; loup.
4. Vive la rentrée !

Mon petit dossier

Lecture. 1. cartable ; chocolat. 2. trousse ; balle ; loup. 3. a. Les enfants vont à l'école. b. Clara a un grand cartable. c. Le maître lit une histoire.

Vocabulaire. 1. a. le lit ; b. la rue ; c. dormir ; d. l'école. 2. a. grand ; b. crier ; c. sortir ; d. commencer. 3. haie/col : école. 4. car/table : cartable.

Compréhension. 1. a, c, b. 2. a. vrai ; b. vrai ; c. faux. 3. a. Parce qu'ils se sentent tout petits à côté des CM2. b. Parce qu'il est assis à côté de Clara.

Dans la même collection

Niveau 1

Niveau 2

Niveau 3

Crédits photos : p. 29 : Thinkstock/iStock/belander ; p. 31 : [hg] © Leemage/Fred Stein DPA/Picture Alliance ; [hd] © Gamma Rapho Keystone ; [bg] © Leemage/© Paulka ; [bd] © Roger-Viollet/© Roger Berson ; p. 28 à 32 (frise) : Thinkstock/iStock/Tasia12.

Illustrations des gardes avant : Lise Herzog ; des pages 2 et 3, et 28 à 32 : François Garnier, Lise Herzog, Marie-Élise Masson, Séverine Cordier, Thinkstock/iStock/Daniel Villeneuve.

IMPRIM'VERT®

Imprimé en France par SEPEC à Péronnas
N° d'imprimeur : 01662150505 - Dépôt légal : juin 2015
N° d'édition : 70119312-01